마이크로바이옴을 살리는

VEGAN QUEEN STORY

문연희 지음

Prologue

파리 유학 시절, 외국 생활의 스트레스와 불규칙한 식습관으로 위장이 점점 나빠지기 시작했습니다. 백화점에서 잦은 야근을 하며 병원을 찾았지만, 소화불량과 속 더부룩함, 가스 차는 증상은 좀처럼 나아지지 않았죠. 그러던 어느 날, 근본적인 변화를 결심하게 되었습니다. 인스턴트식품, 밀가루, 고기, 유제품을 끊고 신선한 야채와 과일, 건강한 곡물과 견과류, 그리고 좋은 오일을 중심으로 식단을 바꾸었더니 몸이 차츰 회복되기 시작했고, 그토록 고질적이던 위장 문제에서도 벗어날 수 있었습니다.

이 계기를 통해 자연스럽게 채식에 대한 관심이 커졌고, '야채는 맛이 없다'는 고정관념을 깨는 여러 가지 조리법을 발견하게 되었습니다. 홈파티와 소규모 모임을 통해 파트너들과 함께 비건 레시피를 개발하면서, 저는 점차 비건 전도사로서의 길을 걷게 되었습니다. 건강을 지키는 첫걸음은 스스로 요리하는 것이라는 신념으로 오랜 시간 동안 집밥의 가치를 나누며 쿠킹 클래스를 운영해왔고, 그 과정에서 수많은 이들과 이 소중한 경험을 공유했습니다.

이 책의 레시피는 단순한 건강식을 넘어, 우리 몸속 마이크로바이옴의 중요성을 강조합니다. 우리 장에 서식하는 마이크로바이옴은 면역체계의 최전선에 서 있으며, 몸 전체의 건강을 좌우하는 핵심 요소입니다. 장내 미생물들은 우리 몸이 영양소를 흡수하고 염증을 조절하며, 강력한 면역 방어망을 구축하는 데 필수적인 역할을 합니다. 그리고 이러한 건강한 마이크로바이옴을 유지하기 위해 신선하고 제철에 맞는 채소를 섭취하고, 누구나 손쉽게 따라 할 수 있는 조리법이 필요합니다.

더불어 이 책에서는 계절별로 제철 채소를 활용한 다양한 요리법을 소개하고, 가족들이 함께 맛있고 건강한 식사를 나누며 행복을 더할 수 있는 방법을 제안합니다. 또한, 더 나은 지구 환경과 지속 가능한 삶을 위해 우리가 식탁 위에서부터 작은 변화를 시작할 수 있음을 강조합니다.

이 책이 여러분의 건강한 삶과 지속 가능한 식탁을 여는 작은 계기가 되기를 바랍니다.

문연희

contents

Prologue	4
조리도구의 중요성	10

*이책의 레시피는 2인분 기준입니다.

레시피 계량 기준

1T : Table spoon (15ml)
1t : Tea spoon (5ml)
1C : Cup (200ml)

채소 요리에 어울리는 드레싱과 페스토

올리브오일 & 레몬 드레싱	13
캐슈 스프레드	13
두유 마요네즈	13
캐슈 마요네즈	13
두부 마요네즈	13
아이올리 소스	13
비건 버터	14
바질 페스토	14
부추 페스토	14
시금치 페스토	14
살사 소스	15
병아리콩 후무스	15
비건 라구 소스	15
비건 파마산	15

Chapter. 1
봄에 먹는 채소 요리

봄나물 초밥	20
아보카도 장	22
후무스 샐러드	24
부추 페스토 고사리 파스타	26
캐슈 스프레드 오픈 샌드위치	28
비건 토마토 수프	30
양배추 스테이크	32
렌틸콩 발사믹 또띠아	34
브로콜리 두부 수프	36
가지 덮밥	38
콥샐러드	40
로메인 살사 소스 샐러드	42
두부면 시금치 페스토 파스타	44
아몬드버터 소스의 두부 양상추 쌈	46
병아리콩 브라우니	48
흑미 코코넛 푸딩	50

Chapter. 2
여름에 먹는 채소 요리

토마토 마리네이드 메밀소바	56
메밀면 오이 김밥	58
프로방스풍 라따뚜이	60
하와이언 포케	62
간장 조림 가지 살사	64
가지롤 레몬 간장 소스	66
건가지 들깨무침 메밀면	68
가지 라자냐	70
오이면 프로틴 국수	72
애호박 수프	74
애호박 누들	76
애호박 테린과 순두부 소스	78
애호박 숙회	80
라이스 페퍼 미니 타코	82
아이올리 소스 오이 샐러드	84
참외 샐러드	86

Chapter. 3
가을에 먹는 채소 요리

크림 소스 베지 스테이크	92
버섯 갈비 오픈 샌드위치	94
고구마 오트밀 피자	96
퀴노아 필라프	98
아이올리 소스 또띠아 컵	100
당근 라페와 비건버터	102
당근채전	104
삼곡 두부선	106
새송이 버섯 장조림	108
양송이 샐러드	110
단호박 렌틸콩 샐러드	112
단호박 뇨끼	114
단호박 케이크	116
얼그레이 스콘	118
비건 호두파이	120
비건 블루베리 치즈 케이크	122

Chapter. 4
겨울에 먹는 채소 요리

비건 마요네즈 사라다	128
바나나 오트밀 볼	130
두부 배추롤 찜	132
율무 미네스트로네	134
비건 당근 수프	136
비건 양송이 수프	138
비건 고구마 수프	140
대파 수프	142
무 수프	144
중국식 청경채 찜	146
오색 야채 전골	148
비건 현미 떡국	150
감자 샐러드	152
비건 통밀 쿠키	154
바나나 파운드 케이크	156
비건 코코넛 크림 케이크	158

Thanks to 164

조리도구의 중요성

마이크로바이옴을 살리는
비건 요리와 스테인리스 조리도구

비건 요리를 준비할 때 사용하는 재료만큼이나 중요한 것이 바로 조리도구입니다.
특히 마이크로바이옴을 살리는 요리라면 조리 과정에서 식재료의 영양소를 최대한 보존하고,
유익한 성분들이 파괴되지 않도록 하는 것이 핵심입니다. 이러한 이유로, 저는 스테인리스 조리도구를
20년 넘게 사용해오며 그 가치를 깊이 체감했습니다. 이 조리도구가 마이크로바이옴 친화적인 비건
요리에서 왜 중요한지 몇 가지 이유로 설명하겠습니다.

❶ 영양소 보존

스테인리스 조리도구는 열이 고르게 전달되어 식재료가 과도하게 익지 않도록 도와줍니다. 이는 특히 마이크로바이옴을 위해 중요한 식이섬유, 비타민, 미네랄 등의 파괴를 최소화해 줍니다. 균형 잡힌 열 분포 덕분에, 식재료가 가진 천연의 영양소와 효소들이 요리 과정에서 그대로 보존되어 장내 유익균들에게 더 좋은 환경을 제공합니다.

❷ 저수분 조리

스테인리스 조리도구는 저수분으로 요리할 수 있는 기능을 가지고 있어, 물을 많이 사용하지 않고도 재료 본연의 풍미와 수분을 유지할 수 있습니다. 물을 과하게 사용하면 식재료에서 나오는 중요한 영양소가 물과 함께 손실될 수 있지만, 이 조리도구는 적은 수분으로도 재료의 영양을 온전히 살릴 수 있습니다. 이는 장내 미생물들이 필요로 하는 중요한 성분들을 더 많이 남길 수 있게 해줍니다.

❸ 고품질 스테인리스로 유해 물질 차단

특별히 316 Ti 스테인리스는 일반조리도구와는 달리, 열이 가해졌을 때 유해한 화학 물질이 나오지 않기 때문에, 조리 과정에서 음식의 안전성을 높이고, 미생물에게 해로운 요소들을 피할 수 있습니다. 이는 특히 건강을 중요시하는 비건 요리에서 더욱 필수적인 요소입니다.

❹ 내구성과 효율성

20년 넘게 사용해온 경험에서 알 수 있듯이, 특히 316 Ti 스테인리스 조리도구는 오랫동안 사용할 수 있는 내구성을 자랑합니다. 비건 요리나 마이크로바이옴을 살리는 요리는 주로 신선한 채소와 식물성 재료를 사용하는데, 이 조리도구는 그러한 재료들을 효과적으로 요리하는 데 적합합니다. 빠르고 효율적으로 열을 전달해 요리 시간을 단축할 수 있고, 이는 식재료의 품질을 유지하는 데도 도움을 줍니다.

❺ 맛의 극대화

조리도구의 성능은 결과물의 맛에 직결됩니다. 스테인리스 조리도구는 재료가 가진 자연스러운 맛을 극대화할 수 있게 해 줍니다. 특히 비건 요리는 인공 조미료나 첨가물을 최소화하는 것이 중요하기 때문에, 재료 본연의 풍미가 더욱 살아나는 것이 큰 장점입니다. 장내 미생물에게 좋은 재료일수록 그 자연의 맛을 잘 살려주는 조리법과 도구가 필수입니다. 스테인리스 조리도구는 단순히 요리를 돕는 도구를 넘어, 건강과 장내 미생물의 균형을 고려한 요리를 완성하는 중요한 역할을 합니다. 마이크로바이옴을 살리는 비건 요리는 재료의 선택만큼이나 그 재료를 어떻게 다루고 요리하느냐에 따라 그 효과가 달라집니다.

채소요리에 어울리는 드레싱과 페스토

올리브오일 & 레몬 드레싱
Olive oil & lemon dressing

엑스트라 버진 올리브 오일	3T
레몬즙	1T
소금, 후추	약간
파슬리 또는 차이브	약간

캐슈 마요네즈
Cashew mayonnaise

물에 불린 캐슈넛	1/2C
두유(무가당)	1/2C
소금	1/4t
레몬	2T
알룰로스	약간

모든 재료를 블렌더에 넣고 곱게 갈기

캐슈 스프레드
Cashew spread

캐슈넛	1/2C
아몬드 밀크	1/3C
이스트비가루	1T
올리브오일	1T
레몬즙	1T
소금	1/2t

모든 재료를 블렌더에 넣고 곱게 갈기

두부 마요네즈
Tofu mayonnaise

두부	1/2모
마늘	1알
레몬즙	2T
포도씨오일	1C
소금	1/4t
알룰로스	약간

모든 재료를 블렌더에 넣고 곱게 갈기

두유 마요네즈
Soy milk mayonnaise

두유(무가당)	1/2C
레몬즙	2T
올리브오일	1C
소금	1/4t
알룰로스	약간

모든 재료를 블렌더에 넣고 곱게 갈기

아이올리 소스
Aioli sauce

물에 불린 캐슈넛	1C
마늘	4개
소금	1/2t
메이플시럽	2T
머스터드	1T
레몬즙	1/2개
두유(무가당)	1/2C

모든 재료를 블렌더에 넣고 곱게 갈기

비건 버터
Vegan butter

코코넛오일	1/2C
두유(무가당)	1/2C
이스트비 가루	1t
식초	1t
강황	한 꼬집
소금	한 꼬집

모든 재료를 블렌더에 넣고 곱게 갈기.
냉동고에 넣고 살짝 얼린 후 냉장보관 한다.
비건 버터 냉장고에서 5일까지 보관 가능하다.

부추 페스토
Chive pesto

부추	150g
마늘	5알
올리브오일	100ml
캐슈넛	50g
이스트비	10알
들기름	1T
소금	약간
후추	약간

먼저 이스트비와 캐슈넛을 블렌더에 넣고 가루로 만든 후, 나머지 재료를 넣고 마저 갈아준다.
재료를 병에 담고 냉장 보관한다.
(일주일정도 보관 가능)

바질 페스토
Basil pesto

볶은 잣	1/2C
바질잎	1C
아굴라	1C
올리브오일	3/4C
물	3/4C
마늘	2개
레몬즙	1개
소금	1/4t
후추	약간

모든 재료를 블렌더에 갈아 병에 담아
냉장 보관한다. (일주일 정도 보관 가능)
잣 대신 볶은 호두도 가능하다.

시금치 페스토
Spinach pesto

시금치	120g
구운 호두	40g
올리브오일	1/2C
레몬즙	2t
소금	1/2t
후추	약간
마늘	1알

먼저 구운 호두를 블렌더에 넣고 갈은 후,
나머지 재료도 넣고 돌린다. 재료를 병에 담고
냉장 보관한다. (일주일정도 보관 가능)

DRESSING AND PESTO

살사 소스
Salsa sauce

토마토	3개
자색양파	1개
샐러리	1개
통마늘	4알
할라피뇨	2개
레몬	1개
소금	약간
후추	약간
올리브오일	약간

1. 토마토 1개를 슬라이스해서 후라이팬에서 올리브오일을 넣고 볶다가 수저로 으깨놓는다.
2. 남은 토마토 2개와 마늘, 샐러리, 자색양파는 작게 다져서 놓는다.
3. 으깬 토마토와 다진 야채를 볼에 담고, 레몬즙과 소금, 후추, 올리브를 넣고 버무린다.

병아리콩 후무스
Chickpea hummus

삶은 병아리콩	250g
올리브오일	1/2C
레몬즙	1T
참깨	4T
마늘	2개
소금	1t

병아리콩은 3시간 이상 물에 불린 후 끓는 물에 넣고 15~20분 삶는다.
블렌더에 참깨를 먼저 넣고 곱게 간 후, 나머지 재료를 넣고 돌린다. 병에 재료를 넣고 일주일 정도 냉장고 보관 가능하다.

비건 라구 소스
Vegan ragu sauce

렌틸콩	2컵
당근	1개
샐러리	1대
양파	1개
화이트와인	100ml
채수	4컵
토마토 페이스트	3T
후추	약간
소금	3/4t
올리브오일	약간
이탈리안 허브	약간
비건 파마산 가루	하단 참고

【채수】
물 4C에 다시마 2장,
마른 표고버섯 1개를 30분 담근다.

대형후라이팬에 삶은 렌틸콩, 다진 샐러리, 당근, 양파를 넣고 볶다가, 화이트와인, 토마토 페이스트, 소금, 후추를 넣고 끓인 후, 채수를 붓고 마지막 이탈리안 허브와 비건 파마산 가루를 뿌린다.

 후라이팬 뚜껑을 열고 소스 국물을 졸인다.

비건 파마산
Vegan parmesan

캐슈넛	1C
이스트비 가루	3T
소금	3/4t
마늘가루	1/4t

모든 재료를 블렌더로 갈아서 통에 담은 후 냉장고 보관한다.

chapter 1

봄에 먹는 채소 요리

SPRING

봄, 새싹의 힘으로 마이크로바이옴을 깨우다

긴 겨울이 지나고 따뜻한 봄바람이 불어오면, 자연은 다시 생명력을 회복하며 우리에게 신선한 채소들을 선물합니다. 봄에 나는 채소들은 겨우내 지친 몸에 활력을 불어넣어주고, 장내 미생물들의 활동을 자극해 마이크로바이옴의 균형을 유지하는 데 중요한 역할을 합니다. 이른 봄의 채소들은 신선하고 부드러우며, 소화도 잘 되어 건강한 장 환경을 만들어줍니다.

아스파라거스

아스파라거스는 봄의 대표적인 채소로, 프리바이오틱 섬유질이 풍부하여 장내 유익균의 성장을 도와줍니다. 비타민 C와 K 또한 많이 함유되어 있어 면역력 강화에 좋습니다. 살짝 데쳐 샐러드나 구이로 활용하면 아삭한 식감과 상큼한 맛을 동시에 즐길 수 있습니다.

봄동

봄동은 배추과에 속하는 채소로, 부드러운 식감과 달큰한 맛이 특징입니다. 섬유질이 풍부해 장 운동을 활발하게 하고, 발효 과정을 통해 유산균이 더해지면 마이크로바이옴에 유익한 영향을 미칩니다. 겉절이로 만들어 가볍게 곁들여 보세요.

달래

봄이 오면 들판에 가득 피어나는 달래는 풍부한 영양소를 자랑합니다. 특유의 매콤한 맛은 입맛을 돋우고, 소화를 촉진하는 효능이 있어 장 건강에 도움을 줍니다. 달래 무침이나 된장찌개에 넣으면 제철의 향긋함을 즐길 수 있습니다.

쑥

쑥은 향긋한 향과 함께 비타민 A와 C, 철분이 풍부해 면역력을 증진시킵니다. 또한 섬유소가 많아 장 운동을 돕고, 마이크로바이옴의 균형을 잡아주는 데 좋습니다. 쑥떡이나 쑥국으로 즐기면 봄의 에너지를 그대로 느낄 수 있습니다.

봄나물 초밥

나른한 봄, 쓴맛이 나는 봄나물과 식용꽃으로 초밥을 만들어 봅니다.
눈으로 먹는 봄나물 초밥! 피크닉 떠나도 좋을 듯합니다.

INGREDIENTS

	【밥짓기】		【단촛물】	
당귀	현미	2C	비정제 원당	2T
방풍나물			소금	1/2T
깻잎			물	2T
머위잎			식초	3T
와사비			다시마	약간
			레몬	약간

RECIPE

1. 하루 저녁 물에 불린 현미로 밥을 짓는다.
2. 단촛물을 소형 소스팬에 넣고 살짝 끓인다.
3. 밥을 식히면서 단촛물을 섞어 초밥을 만든다.
4. 깻잎과 머위잎은 간장 : 식초 = 1 : 1 에 1시간정도 담갔다가 손으로 꼭짜 놓는다. 당귀와 방풍나물은 그대로 사용한다.
5. 비닐랩을 도마 위에 깔고 그 위에 깻잎/머위잎/방풍나물/당귀잎을 각각 놓고 초밥을 한 숟가락 얹는다. 와사비를 초밥에 살짝 바르고 비닐 랩으로 돌돌말아 동그랗게 뭉쳐 놓는다.
6. 먹기 직전에 만들어 놓은 봄나물 초밥 비닐랩을 벗기고 플레이팅을 한다.

TIP 초밥은 주먹밥 형태로 만들어져요. 아보카도장과 함께 드시면 좋아요.

AVOCADO
SOY SAUCE

아보카도 장

아보카도 장은 봄나물 초밥과 함께 먹기 좋은 음식입니다.
고소한 아보카도와 더우러진 간장은 마치 비리지 않은
간장게장을 떠올리게 하네요. 뜨거운 밥을 슥슥 비벼서
먹어도 좋은 아보카도 장, 한 번 드셔보세요.

INGREDIENTS

양조간장	1C
물	1+1/2C
알룰로스	1/2C
청량고추	2개
레몬	1/2개
적양파	1/2개
아보카도	3개

RECIPE

1. 아보카도는 미리 사놓고 5일 정도 상온에 훈숙시킨다.
2. 아보카도 껍질을 벗기고 깍뚝 썰기로 자른다.
3. 양파와 레몬, 청량 고추는 0.2cm 두께로 슬라이스 한다.
4. 저장할 유리병에 아보카도 한겹 깔고 양파 한겹 깔고, 레몬과 청량고추는 중간 중간 넣고를 반복하면서 유리병을 가득 채운다.
5. 계량컵에 간장과 물, 그리고 알룰로스 섞어서 재료를 채운 유리병에 붓는다.
6. 하루 저녁 냉장고에서 숙성시킨 후 먹을 수 있다.

후무스 샐러드

중동지방에서 먹는 후무스, 한식의 된장이나 쌈장 같은 느낌?
병아리콩으로 만들어 단백질도 풍부하고
참깨의 고소한 맛이 자꾸 손이 가게 만드는 맛입니다.

INGREDIENTS

후무스	(15p. 참고)	**【드레싱】**	
토마토	1개	올리브오일	3T
케일	3장	레몬즙	1T
노란 파프리카	1개	소금, 후추	약간

RECIPE

1. 후무스를 만든 후 토마토와 케일, 파프리카는 같은 사이즈로 자른 후, 드레싱을 붓고 버무린다.
2. 접시에 후무스를 주걱으로 떠놓고, 그 중앙에 버무린 샐러드를 놓아 플레이팅을 완성한다.

TIP 또띠아를 삼각형으로 자른 후, 후라이팬에 앞뒤로 살짝 구워 샐러드에 같이 낸다.

HUMMUS
SALAD

부추 페스토 고사리 파스타

부추 페스토 고사리 파스타는 바질 페스토를 응용하여 만들고 루꼴라 대신 고사리를 이용해 만든 파스타입니다. 가능하면 흰밀가루로 만든 파스타보다 통밀파스타로 만들면 스 이섬유도 좀더 섭취할 수 있어 좋아요

INGREDIENTS

통밀파스타	2인분
데친 고사리	150g

[부추 페스토]

부추	150g
마늘	5알
올리브 오일	100ml
캐슈넛	50g
이스트비	10알
들기름	1T
소금, 후추	약간

RECIPE

1. 부추, 마늘, 캐슈넛, 이스트비를 블렌더에 넣고 간후, 올리브오일과 들기름, 소금, 후추를 다시 넣고 곱게 갈아 부추 페스토를 만들어 놓는다.
2. 대형후라이팬에 부추 페스토를 넣고 삶은 통밀파스타, 데친 고사리를 함께 넣어 인덕션 7단으로 5분 정도 끓여 준다.

TIP 플레이팅할 때 파스타면을 담고, 그 위에 고사리와 생부추로 토핑해주세요.

'GOSARI' PASTA

캐슈 스프레드 오픈 샌드위치

홈파티할 때 핑거푸드로 잘 사용되는 오픈 샌드위치입니다. 마요네즈 대신에 캐슈넛을 이용해서 만든 스프레드는 가볍고 소화도 잘되어 자주 만들게 될 드레싱입니다.

INGREDIENTS

캐슈 스프레드	(15p. 참조)
통밀빵	3장
미니 오이	3개
바나나	1개
블루베리	10알
방울토마토	5알

RECIPE

1. **캐슈 스프레드** : 물에 30분 불린 캐슈넛과 두유(무가당), 소금, 레몬즙, 알룰로스를 블렌더에 넣고 곱게 간다.
2. 통밀빵 위에 캐슈스프레드를 바르고, 미니 오이, 바나나, 블루베리 등을 슬라이스해서 토핑한다.

TIP 핑거푸드로 활용하기 좋아요

CASHEW SPREAD OPEN SANDWICH

비건 토마토 수프

쪽파가 들어가는 토마토 수프는 해장국이 생각날 만큼 시원한 국물이 끝내 줍니다.

INGREDIENTS

완숙토마토	8개
샐러리	1대
바질	1팩
쪽파	10대
양파	1개
마늘	10개
당근	1개
올리브오일	3~4T
소금	4꼬집
후추	약간
물	1L
다시마	1장

RECIPE

1. 토마토, 샐러리, 당근, 양파, 마늘을 채썰어 웍에 올리브오일을 두르고 인덕션 8단에 볶는다.
2. 충분히 볶은 후 다시마물을 붓고 끓이다가 쪽파와 바질을 넣고 소금, 후추 간을 한다.
3. 블렌더로 곱게 갈아준다.
4. 볼에 수프를 담고 올리브오일을 두르고 완성시킨다.

TIP 토마토 수프는 해독수프입니다.

VEGAN
TOMATO SOUP

양배추 스테이크

위장에 좋은 채소하면 무엇보다도 양배추를 떠올리게 되지요.
그런데 보통은 쪄먹거나 생으로 채썰어 먹습니다.
그런 양배추를 7중 스텐레스팬에 스테이크로 구워 드셔 보세요.
양배추의 새로운 매력에 빠지게 된답니다.

INGREDIENTS

양배추	1/4개		【드레싱】	
올리브오일	적당량		홀그레인 머스터드	1t
소금	약간		메이플시럽	1t
양파	1/2개		화이트와인 비네거	2t
토마토	1개		소금	약간
딜	약간		후추	약간

RECIPE

1. 양배추는 1/4조각으로 잘라 놓는다.
2. 양파, 토마토는 칼로 작게 다져 놓는다.
3. 섞어 놓은 드레싱을 양파와 토마토 다진 것과 합쳐 섞어 놓는다.
4. 대형후라이팬에 인덕션 9단으로 1분 가열 후 인덕션 8단으로 조정, 올리브오일을 두르고 양배추를 굽는다.
5. 겉면이 약간 그을리도록 굽고 뒤집어서 다시 굽는다.
6. 구운 양배추를 플레이트에 올리고 섞어 놓은 토마토와 양파를 올리고, 마지막 딜을 올려 완성시킨다.

CABBAGE

LENTIL BALSAMIC TORTILLA

렌틸콩 발사믹 또띠아

식물성 단백질이 풍부한 렌틸콩으로 만든 전식입니다.
와인 안주로도 좋구요. 쉽게 만들 수 있어 강추합니다.

INGREDIENTS

삶은 렌틸콩	1C
루꼴라	5장
양파	2개
블랙올리브	5개
로즈마리	2-3줄기
통밀또띠아	적당량
발사믹식초	적당량
올리브오일	적당량

【발사믹 오리엔탈 소스】

양조간장	1+2/3T
발사믹식초	4T
메이플시럽	1T
올리브오일	4T
소금	약간
통후추	약간

RECIPE

1. 렌틸콩은 중형 소스팬에 둘을 끓이다가 렌틸콩을 넣고 인덕션 7번에 10~15분 정도 삶아 놓는다.
2. 대형후라이팬에 올리브오일을 두르고, 슬라이스한 양파를 넣고 볶다가 블랙 올리브와 렌틸콩을 넣은 후 발사믹 오리엔탈 소스를 붓고, 뚜껑 열고 소스가 자작할 때 까지 졸인다.
3. 또띠아는 4등분 한 후 후라이팬에 살짝 굽는다.
4. 준비된 또띠아 위에 루꼴라를 올리고 그 위에 렌틸콩 졸임을 올린다.

브로콜리 두부 수프

입맛 없는 봄철에 먹을 수 있는 목 넘김이 부드러운 수프입니다.
평소 늘 먹던 브로콜리와 두부가 이렇게
고급스러운 맛으로 변할 수 있다는 것에 놀라실 거예요.

INGREDIENTS

연두부	140g	**【가니쉬】**	
브로콜리	1개	레몬제스트	1/2개
양파	1/8개	허브 (딜, 파슬리 생략 가능)	
마늘	1쪽	올리브오일	적당량
대파 흰부분	5cm	통 후추	약간
물	500ml		
올리브오일	2T		
소금	1/2t		
후추	약간		

RECIPE

1. 브로콜리, 양파, 대파, 마늘을 슬라이스하고, 대형후라이팬에 올리브오일을 두른 다음 인덕션 7단에 볶는다.
2. 양파가 투명해지면 인덕션을 끄고, 핸드블렌더로 연두부와 함께 재료들을 넣고 물과 함께 갈아 놓는다.
3. 다시 후라이팬을 인덕션 6단으로 가열한다.
4. 소금, 후추로 간을 한 후 볼에 담고, 레몬껍질을 얇게 채썰어 올린 다음 나머지 딜이나 파슬리를 뿌린다.

BROCCOLI

TOFU SOUP

가지 덮밥

가지로 만드는 다양한 레시피가 있다는 걸 비건 요리를 통해 알게 되었답니다.
가지를 올리브오일에 구워 일본식으로 만드는 가지덮밥.
뚝딱 만들 수 있는 요리입니다.

INGREDIENTS

가지	2개
양파	1/2개
대파	1대
쪽파	1대

【양념장】	
다진 마늘	1T
된장	1T
간장	1 + 1/2T
맛술	1T
비정제당	1T
들기름	1T
후추	약간
생강가루	약간
다시마물	2/3C

(500ml 물 : 다시마 1장)

RECIPE

1. 가지는 0.5cm 두께로 길게 슬라이스해서 한쪽 면만 칼집을 낸다.
2. 양파는 채를 썰고 대파, 쪽파는 송송 썬다.
3. 양념장은 모든 재료를 섞어서 볼에 만들어 놓는다.
4. 대형후라이팬에 인덕션 7단으로 올리고 올리브오일을 두르고 가지를 앞뒤로 굽는다.
5. 구운 가지를 꺼내고 양파와 대파를 볶다가, 섞어 놓은 소스를 넣고 소스를 졸인다.
6. 1인용 볼에 밥을 넣고, 양파와 대파 졸인 소스를 2~3T 붓고 그 위에 구운 가지를 올린다.
7. 마지막으로 쪽파와 참깨로 토핑한다.

콥샐러드

미국 요리사인 로버트 하워드 콥이 주방에 남은 재료를 작게 썰어서 만든 것에서 유래된 샐러드. 렌치소스 대신 아이올리 소스와 함께 드셔보세요.

INGREDIENTS

오이	1개
방울토마토	10개
적양파	1/2개
빨강/노랑 파프리카	각1/2개
블랙올리브	5개
퀴노아	1/2C
올리브 오일	약간
소금	약간
후추	약간

RECIPE

1. 오이, 방울토마토, 파프리카를 깍뚝 썰기 한다.
2. 블랙올리브는 슬라이스한다.
3. 퀴노아는 씻어서 물 1C과 함께 소형 소스팬에 넣고, 인덕션 6번 정도에 10분 끓이다 4~5번으로 줄여서 10분정도 익힌다.
4. 삶은 퀴노아는 식혀서 소금과 후추 올리브오일을 무쳐 놓는다.
5. 썰어놓은 야채들과 퀴노아를 아이올리 소스(13p. 참고)와 함께 플레이팅한다.

SALAD

로메인 살사 소스 샐러드

로메인은 시저샐러드에 주로 사용되지만,
살사소스와 함께 드셔도 좋습니다.

INGREDIENTS

로메인
블랙 올리브 슬라이스
홀그레인 머스터드
* 살사소스(15p. 참고)

RECIPE

1. 로메인은 통째로 씻어 칼로 반을 잘라 놓는다.
2. 플레이트 위에 로메인을 놓고 살사소스를 뿌린다.
3. 나이프로 컷팅하여 먹는다.

ROMAINE SALSA SALAD

두부면 시금치 페스토 파스타

밀가루 소화가 잘 안 되는 분들이 즐겨 먹을 수 있는 두부면으로,
시금치 페스토와 함께 파스타를 만들어 보세요.

INGREDIENTS

두부면	2인분
대파 흰부분	2대
마늘	3알
블랙 올리브	5알
그린 올리브	5알
방울토마토	5알
썬드라이드 토마토	2~3개
시금치 페스토	(14p. 참고)
페페론치노	2개

RECIPE

1. 대파는 1cm두께로 자른다.
2. 방울토마토는 반으로 갈라 자른다.
3. 대형후라이팬에 올리브오일을 두르고 슬라이스한 마늘을 볶다가 대파,블랙올리브,그린올리브,방울토마토를 넣고 대파가 투명할때까지 익힌다.
4. 물기를 뺀 두부면과 썬드라이드 토마토를 대형후라이팬에 넣고 시금치 페스토를 3~4T를 넣어 잘 비벼서 볶아준다.
5. 마지막으로 플레이팅한 파스타에 페페론치노를 부셔서 뿌려준다.

아몬드버터 소스의 두부 양상추 쌈

채식을 할 때 신경 써서 먹어야 할 것이 있다면 좋은 지방입니다.
특별히 견과류에는 오메가3 지방이 많아요.
아몬드를 버터로 만들어 소스에 활용하시면 좋아요.

INGREDIENTS

두부	1모
양상추	1/2통
느타리버섯	1덩이

【아몬드버터 소스】

아몬드버터	1T
발사믹식초	1T
올리브오일	1T
양조간장	1T
마늘	1/2T
알룰로스	1T
물	1T

【아몬드버터】

블렌더에 아몬드 1C을 넣고
고속모드로 돌리면 버터가 됩니다.
소금 살짝 넣어주세요. 빵이나
사과에 발라서 드셔도 좋아요.

RECIPE

1. 두부는 큐브 모양으로 잘라 대형후라이팬에 올리브오일로 육면을 잘 굽는다.
2. 버섯도 위와 같은 방식으로 굽는다.
3. 발사믹식초, 양조간장, 다진 마늘, 알루로스, 물을 섞은 양념장을 붓고 두부와 버섯을 인덕션 5번~6번으로 각각 졸인다.
4. 씻어 놓은 양상추를 한 겹씩 떼어 바닥에 아몬드 버터 소스를 바르고 구운 두부와 버섯을 넣고 플레이팅 한다.

TOFU LETTUCE WRAPS
WITH ALMOND BUTTER SAUCE

병아리콩 브라우니

밀가루 없이, 계란 없이, 버터 없이, 그리고 오븐 없이도 만들 수 있는 병아리콩 브라우니. 촉촉한 맛이 일품입니다.

INGREDIENTS

삶은 병아리콩 250g	+	물 50g
오트밀		50g
원당		30g
소금		2g
베이킹파우더		5g
무가당 코코아 파우더		30g
바나나		2개
올리브 오일		20g
건크랜베리		80g

RECIPE

1. 병아리콩은 3시간 이상 실온에 불린 후 끓는 물에 20분 정도 삶아서 놓는다.
2. 블렌더에 병아리콩, 물, 오트밀, 원당, 소금, 베이킹파우더, 코코아파우더, 바나나, 올리브오일을 모두 넣고 곱게 갈아 놓는다.
3. 대형후라이팬을 인덕션 팬요리 180도로 1분 예열한다.
4. 15~16cmx8cm 소형 파운드케익 틀에 반죽을 붓고 위에 건크랜베리를 토핑한다.
5. 예열된 대형후라이팬에 4의 케익 틀을 넣고 인덕션 팬요리 170도에 30분 굽는다.

CHICKPEA
BROWNIES

BLACK RICE COCONUT PUDDING

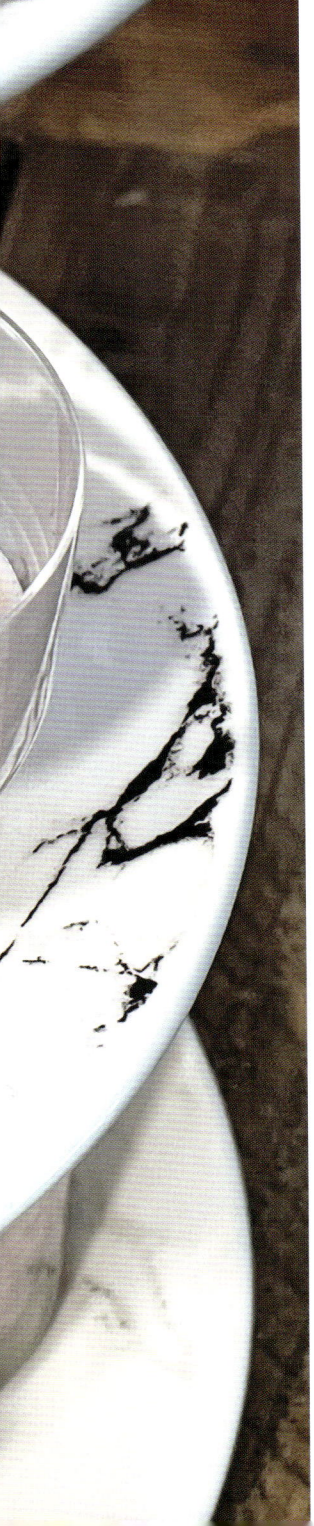

흑미 코코넛 푸딩

동남아에서 자주 먹을 수 있는 흑미 코코넛 푸딩.
이국적인 맛에 빠져 보세요.

INGREDIENTS

찰흑미	50g
물	700ml
소금	1꼬집
비정제 원당	1T
코코넛 밀크	150ml
메이플시럽	1T
한천가루	1t
코코넛칩	약간
다진 망고	약간

RECIPE

1. 흑미는 하루 정도 물에 불려 밥을 해놓는다.
2. 큰 볼에 코코넛 밀크, 메이플시럽, 비정제원당, 소금, 물을 섞는다.
3. 한천가루를 볼에 넣고 잘 섞은 후, 마지막으로 흑미, 코코넛칩과 다진 망고를 넣고 디저트 볼에 국자로 담는다.
4. 냉장고에 디저트 볼을 하루 저녁 굳힌 후 간식으로 서빙한다.

chapter 2

여름에 먹는 채소 요리

SUMMER

여름 채소, 뜨거운 태양 아래 자란 마이크로바이옴의 친구

여름은 태양의 힘을 듬뿍 받은 신선한 채소들이 넘쳐나는 계절입니다. 이 시기의 채소들은 수분과 영양이 풍부하며, 뜨거운 날씨에 지친 몸을 시원하게 해주고 장 건강을 지켜주는 강력한 도우미입니다. 여름 채소들은 수분 함량이 높아 장내 수분을 유지하고, 섬유소가 풍부해 소화를 돕습니다.

오이

오이는 수분이 90% 이상을 차지하는 여름 채소로, 장에 수분을 공급하여 변비를 예방하는 데 도움을 줍니다. 시원한 오이 냉국이나 오이 샐러드는 더운 여름철 마이크로바이옴을 건강하게 유지하는 훌륭한 선택입니다.

토마토

토마토는 리코펜이 풍부한 항산화 식품으로, 장내 유익균을 활성화하는데 도움을 줍니다. 신선한 토마토는 섬유질과 비타민C가 많아 소화 건강에도 좋습니다. 샐러드, 샌드위치 또는 토마토 수프로 시원하게 즐길 수 있습니다.

가지

여름 가지는 부드럽고 깊은 맛을 자랑합니다. 가지에 포함된 섬유질은 장 건강을 도와 변비를 예방하며, 장내 유익균의 먹이가 됩니다. 가지구이, 가지찜 등 다양한 요리로 그 영양을 즐길 수 있습니다.

여름 호박

부드러운 식감과 달콤한 맛이 특징인 여름 호박은 섬유소가 풍부해 소화 기능을 개선하고 장내 미생물의 다양성을 증가시킵니다. 나물이나 부침, 또는 가볍게 볶아서 섭취해 보세요.

토마토 마리네이드 메밀 소바

평소에 피클로 활용해도 좋은 방울토마토 마리네이드와 함께
더운 여름 메밀 소바를 즐겨 보세요.

INGREDIENTS

방울토마토	1팩	【올리브오일 소스】		【메밀소면 채수】	
양파	1/2개	올리브오일	2T	양조간장	100ml
깻잎	3장	레몬	1/2개	물	900ml
메밀 수연 소면	2인분	발사믹 식초	2t	매실청	100ml
		알룰로스	1T	비정제 원당	1/2C
		소금	약간	다진 마늘	1.5T
		후추	약간	식초	3T

RECIPE

1. 방울토마토는 끓는 물에 1분정도 넣었다가 차가운 물에 식힌 후 껍질을 벗겨낸다.
2. 다진 양파와 껍질 벗긴 방울토마토에 올리브오일 소스를 부어 1시간 이상 냉장고에서 숙성시킨다.
3. 메밀소면을 삶아서 찻물에 헹군 후 플레이팅 할 볼에 담고, 방울토마토 마리네이드를 올리고 채수를 붓고 마지막으로 깻잎을 고명으로 얹는다.

TIP 깻잎은 돌돌말아 가늘게 채썰기 합니다.

TOMATO MARINATED
SOBA NOODLES

메밀면 오이 김밥

밥 없이 메밀면으로 만드는 김밥.
가운데 통오이가 있어 시원한 수분이 입안 가득해지는 김밥입니다.

INGREDIENTS

		【양념】	
메밀면	50g	맛간장	1t
오이	1개	비정제 원당	1/2t
김밥김	1장	참기름	약간

RECIPE

1. 메밀면을 삶아 놓은 후 물기를 빼놓는다.
2. 메밀면에 맛간장과 비정제원당, 참기름을 넣고 비벼 놓는다.
3. 김밥김에 메밀면을 깔고 통오이를 놓고 돌돌말아 김밥을 만든다.
4. 칼로 김밥모양으로 썰어 플레이팅을 한다.

TIP 와사비와 진간장에 찍어 드세요.

SOBA NOODLE
CUCUMBER KIMBAP

프로방스풍 라따뚜이

먹는 자체가 디톡스인 라따뚜이, 프로방스의 대표적 음식이죠.
과식했을 때 위를 쉬게 할 수 있는, 그리고 해독을 도와주는 추천 요리입니다.

INGREDIENTS

애호박	1개
가지	1개
완숙 토마토	2개
노란 파프리카	1개

【퓨레】

양파	1개
올리브오일	적당량
홀 토마토	2개
마늘	2알
빨간/노랑 파프리카	각 1개

RECIPE

1. 애호박, 가지, 토마토, 노란 파프리카는 각각 0.3cm 두께로 동그랗게 자른다.
2. 퓨레 만들기 : 양파, 마늘, 파프리카는 채를 썰어 대형후라이팬에 올리브오일을 두르고 양파가 투명해질 때까지 볶는다.
3. 볶은 야채와 홀토마트를 핸드블렌더로 갈아 놓는다.
4. 퓨레위에 잘라놓은 가지, 애호박, 토마토, 파프리카를 겹쳐서 동그랗게 둘러놓는다.
5. 후라이팬 뚜껑을 덮그 인덕션 6단으로 10~15분 익힌다.

TIP 프로방스 스타일 라따뚜이는 디톡스 요리입니다.

하와이언 포케

하와이의 비빔밥, 포케. 식이섬유 풍부한 귀리나 그 외의 통곡물로 만든 포케는 대표적 다이어트 식사입니다.

INGREDIENTS

삶은 렌틸콩	1C		【소스】	
귀리밥	1C		맛간장	3T
적양파	1/2개		식초	2T
치커리	적당량		알룰로스	1T
양상추	적당량		마늘	1t
아보카도	1개		생강	1t
삶은 병아리콩	1C		생와사비	1t
아몬드 슬라이스	1C			

RECIPE

1. 렌틸콩과 병아리콩은 삶아 놓는다.
2. 귀리로 밥을 짓는다.
3. 적양파는 채썰기를 한다.
4. 치커리, 양상추는 씻어서 한 입 크기로 잘라놓는다.
5. 훈숙된 아보카도는 으깨서 퓨레로 만들어 놓는다.
6. 커다란 볼에 준비된 재료를 넣고 아보카도 퓨레를 맨 위에 얹은 후 아몬드 슬라이스를 뿌린다.
7. 마지막으로 포케 소스를 붓고 섞어서 비벼 먹는다.

TIP 야채는 좋아하는 것으로 변경 가능합니다.

HAWAIIAN
POKE

간장 조림 가지 살사

간장 양념으로 가지를 구워 살사 가니쉬와 같이 곁들여 먹는 요리.
와인 안주로 추천.

INGREDIENTS

가지	2개
토마토	2개
양파	1/4개
샐러리	1/2대
올리브 오일	적당량
레몬	약간
딜	약간

【조림 양념】

양조간장	1.5T
발사믹 식초	1T
매실청	1T
물	100ml

RECIPE

1. 가지를 0.5cm 두께로 길게 자르고, 가운데 칼집을 낸다.
2. 대형후라이팬에 올리브오일을 두르고 인덕션 7단에 놓고 가지를 익힌다.
3. 앞뒤로 구운 후 조림양념을 넣고 뚜껑을 열고 졸인다.
4. 토마토, 양파, 샐러리를 다진 후, 올리브오일과 레몬즙으로 살짝 버무려준다.
5. 플레이트에 가지를 놓고, 그 위에 다진 야채를 올리고 딜로 장식 후 완성한다.

TIP 길게 자른 가지는 구울때 뚜께가 줄어드니 적당한 두께로 자르셔야 해요.

SOY SAUCE BRAISED EGGPLANT SALSA

가지롤 레몬 간장 소스

상큼한 레몬 간장으로 더운 여름 입맛을 돋우는 요리입니다.

INGREDIENTS

가지	2개
파프리카 빨강/노랑	각1/2개
오이	1/2개
무순	적당량

【현미밥】

현미밥	1C
구운 아몬드 다짐	1T
소금	한 꼬집
참기름	약간

【레몬 간장】

물	2T
간장	2T
레몬즙	2T
알룰로스	2T

RECIPE

1. 가지는 0.3cm 두께로 길게 자르고, 대형후라이팬을 인덕션 7단에 올리고, 아보카도오일을 키친 타올로 얇게 펴서 바르고 가지를 살짝 굽는다.
2. 파프리카와 오이는 무순과 같은 길이로 얇게 잘라 놓는다.
3. 현미밥은 구운 아몬드와 소금, 참기름을 넣고 잘 비벼놓는다.
4. 구운 가지를 도마위에 펴고 현미밥을 얇게 얹고, 파프리카, 오이, 무순을 올리고 돌돌 말아 놓는다.
5. 플레이트에 가지롤을 세팅하고 레몬 간장을 함께 서빙한다.

EGGPLANT ROLLS
WITH LEMON SOY SAUCE

DRIED EGGPLANT AND PERILLA SEED SALAD
WITH SOBA NOODLES

건가지 들깨무침 메밀면

대보름에 먹던 가지나물로 메밀국수와의 콜라보를 만들어 낸 건가지 메밀면. 들깨가루 듬뿍, 오메가3와 식이섬유를 풍부하게 섭취할 수 있습니다.

INGREDIENTS

말린 가지	50g	메밀면	300g
현미오일	1t	맛간장	2T
다진 대파 흰부분	1대	알룰로스	1T
다진 마늘	1/2T	들기름	2T
국간장	1t	채썬 오이	1개
들깨가루	1T		
들기름	1T		
소금	약간		

RECIPE

1. 말린 가지는 하루 저녁 불린 후 끓는 물에 20분 정도 삶는다.
2. 대형후라이팬에 물기를 꼭 짠 가지와 마늘, 다진 대파를 넣고 인덕션 7단으로 볶는다.
3. 국간장과 소금으로 간을 하고 들기름을 두른 후 인덕션을 끄고, 들깨가루를 넣고 잘 섞는다.
4. 믹싱볼에 삶아놓은 메밀면을 넣고 맛간장, 알룰로스 들기름으로 비빈다.
5. 접시에 양념한 메밀면을 올리고 들깨가지를 수북히 올린다.
6. 마지막으로 채썬 오이를 올리면서 플레이팅을 마무리 한다.

가지 라쟈냐

가지로 만드는 라쟈냐를 케이크 틀에 넣어 아름답게 만든 비주얼 요리.

INGREDIENTS

가지	3개
올리브오일	적당량
소금	적당량
비건 라구 소스	(15p. 참고)
비건 파마산 가루	(15p. 참고)

RECIPE

1. 가지는 0.3cm두께로 길게 잘라 대형후라이팬에 인덕션 6~7단으로 올리브오일을 두르고 소금간 하면서 앞뒤로 굽는다.
2. 비건 라구 소스(15p. 참고)를 만든다.
3. 20cm 빵틀에 구운 가지를 빈틈 없이 덮는다.
4. 그 안에 비건 라구 소스를 꽉 채운다.
5. 나머지 구운 가지로 빵틀 위를 덮는다.
6. 빵틀을 빼고 접시에 플레이팅한다.

EGGPLANT
LASAGNA

CUCUMBER AND PROTEIN

오이면 프로틴 국수

더위에 지친 몸을 회복시키는
식물성 프로틴과 견과류로 만든 콩국에, 밀가루면 대신
오이면으로 만든 든든한 한 끼 식사입니다.
다이어트 식단으로 추천드려요.

INGREDIENTS

오이	1개
【콩국물】	
아몬드	1/3C
참깨	3T
무가당 두유	1C
파이토 프로틴	3T
소금	1/2t
검은깨	적당량

RECIPE

1. 오이는 채칼로 길게 썰어 놓는다.
2. 콩국물 : 아몬드, 참깨, 무가당 두유, 파이토 프로틴, 소금을 블렌더에 넣고 곱게 간다.
3. 오이면을 볼에 담고 콩국물을 붓고 검은 깨를 뿌린다.

NOODLES

애호박 수프

여름에 많이 나는 애호박으로 만드는 수프.
냉방병이 많은 여름, 장속을 따뜻하게 해주세요.

INGREDIENTS

주키니호박	1 + 1/2개
양파	1개
감자	1개
마늘	3알
올리브오일	적당량
비건 파마산 가루	(17p. 참조)
코코넛 밀크	250ml
소금	2t
후추	약간

[채수]	
다시마(4cm x 4cm)	2장
마른 표고버섯	1/2C
물	70ml

RECIPE

1. 주키니 호박과 양파, 감자, 마늘은 작게 슬라이스 한다.
2. 웍에 올리브오일을 두르고 인덕션 8단으로 슬라이스 한 야채를 소금 간을 하면서 볶는다.
3. 잘 익은 야채에 채수를 붓고, 코코넛밀크를 넣고 끓이다가 인덕션을 끄고 핸드블렌더로 곱게 간다.
4. 수프볼에 애호박 수프를 담는다.
5. 마지막으로 비건 파마산 가루 뿌려서 완성한다.

애호박 누들

애호박으로 면을 만들어 비빔국수처럼 먹는 맛이 이채롭습니다.
다이어트 식단으로 맛과 체중감량 둘다 잡으실 수 있어요.

INGREDIENTS

애호박	1개
파프리카	1/2개
현미오일	1T
통깨	적당량

【아돈드 향신 간장 소스】

곱게간 아몬드	20알
현미오일	1T
양조간장	1T
레몬즙	1T
다진 마늘	1t
다진 생강	1t
알룰로스	2t
소금	1/3t
다진 파	1T

RECIPE

1. 애호박은 채소 슬라이서로 길게 뽑아 놓는다.
2. 파프리카는 4~5cm 길이로 가늘게 칼로 썬다.
3. 대형후라이팬에 인덕션 7단으로 현미오일을 두르고 애호박을 살짝 볶아준다.
4. 볶은 애호박은 끊어지지 않게 쟁반 위에 올려서 식혀준다.
5. 식은 애호박 누들과 파프리카를 믹싱볼에 넣고 아몬드 향신 간장 소스 4T를 넣고 섞어준다.
6. 파스타 접시에 애호박 느들을 플레이팅하고 다진 아몬드를 토핑하여 완성한다.

애호박 테린과 순두부 소스

애호박 진화의 고급버전, 맛과 비주얼 모두 만족합니다.
손님 초대 요리로 좋아요.

INGREDIENTS

애호박	1개	**【순두부 소스】**	
근대	10장	순두부	1/2개
다진 마늘	2T	트러플오일	1T
옥수수 전분	1T	흑임자가루	1/2T
소금, 후추	약간	소금	약간

RECIPE

1. 애호박은 감자 슬라이서를 이용해 길이로 얇게 자른 후 소금을 살짝 뿌려 놓는다.
2. 녹즙용 케일이나 근대를 찜기에 숨이 죽을 정도만 쪄서 식혀 놓는다.
3. 파운드 케이크틀에 케일을 빈틈없이 감싼다.
4. 살짝 절인 애호박은 키친 타올로 물기를 제거하고, 케일로 감싼 파운드 케익틀에 애호박을 겹겹이 채워 쌓는다. 애호박과 애호박 사이에 다진 마늘과 옥수수전분을 발라주면서 쌓아 올린다.
5. 케이크틀을 애호박으로 꽉 채운 후 케일이나 근대잎으로 뚜껑을 덮는다.
6. 웍찜기에 케이크틀을 넣고 10분 정도 찐다.
7. 순두부 소스는 핸드블렌더로 위의 재료를 모두 갈아 소스로 만든다.
8. 완성된 애호박 테린을 찜기에서 꺼내 식힌 후 2cm 두께로 잘라 순두부 소스와 함께 플레이팅한다.

ZUCCHINI TERRINE
WITH SILKEN TOFU SAUCE

BLANCHED ZUCCHINI

애호박 숙회

궁중요리 스타일의 애호박 해석이 훌륭합니다.
쉽게 해먹을 수 있는 품격 있는 메뉴. 반찬이 아닌 요리로!

INGREDIENTS

애호박	1개	【양념】	
당근	1/5개	양조간장	1T
표고버섯	1개	고춧가루	1/2t
홍고추	1/2개	식초	1/2T
청고추	1/2개	알룰로스	1/2T
		참기름	1T
		통깨	1/2T

RECIPE

1. 애호박을 반으로 자르고 씨를 뺀다.
2. 웍찜기에 애호박을 넣고 물이 끓으면 인덕션 6~7단에 애호박이 투명해질 때까지 찐다.
3. 표고버섯을 얇게 썰고 당근도 얇게 채친다.
4. 팬에 올리브오일을 두르고 당근, 표고버섯을 넣고 볶아준다.
5. 양념을 볶은 야채와 섞는다.
6. 애호박을 꺼내서 썰어 접시에 담고 5번의 야채를 위에 올려 준다.
7. 통깨와 고추로 토핑한다

라이스 페퍼 미니 타코

홈파티가 있다면 이런 요리 하나쯤은 준비해야 되지 않을까요?
비주얼과 맛 깡패입니다.

INGREDIENTS

현미 라이스페퍼	5장	【타코시즈닝】	
	(20개 분량)	고춧가루	1T
삶은 렌틸콩	1C	큐민가루	1T
파이토 프로틴	1스쿱	파프리카가루	1T
양상추	1/4통	오레가노	1t
양파	1/2개	마늘가루	1t
토마토	1개	양파가루	1t
올리브오일	적당량	소금, 후추	적당량

【두부소스】	
두부	1/2모
알룰로스	1T
레몬즙	2T
파이토 레몬	1T
소금	1/2t
물	2T(+/-)

RECIPE

1. 현미 라이스 페퍼를 가로로 4등분해서 자르고, 대형후라이팬에 올리브오일을 넣고 인덕션 튀김모드 180도로 튀긴다.
2. 양상추, 토마토, 양파를 작게 슬라이스해서, 삶은 렌틸콩, 파이토 프로틴과 함께 타코 시즈닝과 버무린다.
3. 두부소스는 재료 모두를 핸드블렌더로 믹싱한다.
4. 플레이트위에 튀긴 라이스페퍼를 올리고, 그 위에 타코시즈닝한 야채를 올린다.
5. 마지막으로 두부소스를 4번위에 뿌린다.

RICE PAPER
MINI TACOS

CASHEW

캐슈 마요네즈와 오이 샐러드

무더운 여름에 즐겨 먹는 오이를
새롭게 캐슈 마요네즈와 함께 드셔보세요.

INGREDIENTS

오이	1개
마늘	2알
딜	약간
캐슈 마요네즈	(13p. 참고)

RECIPE

1. 오이는 얇게 슬라이스해서 작은 볼에 소금 1/2t 넣고 20분 정도 절여 둔다.
2. 절인 오이에 물을 꽉 짜서 다시 볼에 넣은 후, 캐슈 마요네즈 소스를 넣고 무친다.
3. 마무리로 딜을 올려서 플레이팅하면 향이 고급진 샐러드가 된다.

MAYONNAISE
WITH CUCUMBER SALAD

참외 샐러드

여름의 대표적인 과일 참외를 샐러드로 만들어 보세요.
근사한 전식(appetizer)으로의 변화가 즐거움을 줍니다.

INGREDIENTS

참외	1개
레몬즙	1/2개
레몬 제스트	약간
소금	1/2t
후추	약간
올리브 오일	3T

RECIPE

1. 참외와 레몬은 과일/야채 세정제로 껍질을 깨끗이 씻어 놓는다.
2. 참외는 껍질을 야채 슬라이서를 이용해 세로줄 무늬로 껍질을 벗기고 칼로 얇게 슬라이스 한다.
3. 플레이트에 참외를 세팅하고, 소금과 후추, 그리고 올리브 오일을 두르고, 마지막으로 레몬즙과 레몬 제스트를 뿌려준다.

KOREAN MELON SALAD

chapter 3

가을에 먹는 채소 요리

AUTUMN

가을, 풍성한 수확의 계절이 주는 마이크로바이옴 선물

가을은 수확의 계절로, 각종 영양이 풍부한 채소들이 가득합니다.
이 시기의 채소들은 더위에 지친 몸과 장을 달래주고, 영양을 공급하며
마이크로바이옴을 활발하게 만들어줍니다. 깊고 풍부한 맛을 지닌
가을 채소들은 다양하게 요리할 수 있어 우리의 식탁을 풍성하게 만듭니다.

고구마
가을 고구마는 섬유소가 풍부해 장 운동을 촉진하고, 프리바이오틱 성분이 장내 유익균의 먹이가 됩니다. 또한 천연 당분이 소화를 돕고, 속을 편안하게 해줍니다. 구워 먹거나 찜으로 즐기기에 좋습니다.

당근
가을 당근은 당도가 높고 아삭한 식감을 자랑합니다. 섬유질이 풍부하여 장 건강에 도움이 되며, 비타민 A도 풍부하여 면역력 증진에 기여합니다. 생으로 샐러드에 넣거나 살짝 데쳐 먹으면 좋습니다.

버섯
가을은 버섯이 풍부한 계절로, 버섯은 소화에 좋은 저칼로리 식품입니다. 또한 프리바이오틱 성분이 많아 장내 미생물의 성장을 도와 마이크로바이옴을 건강하게 유지합니다. 버섯 전골이나 볶음 요리로 그 깊은 맛을 즐길 수 있습니다.

배추
가을 배추는 김장철을 앞두고 영양이 가득한 상태로 수확됩니다. 발효된 배추는 유산균이 풍부하여 장내 유익균의 균형을 맞추는 데 좋습니다. 김치뿐만 아니라 샐러드나 쌈으로 활용해 보세요.

크림 소스 베지 스테이크

렌틸콩이 햄버거 패티 같다고 하는 베지 스테이크
육류 못지않게 한 끼 든든하게 채워주는, 거기다가 맛도 일품인 요리입니다.

INGREDIENTS

【베지 스테이크】

애호박	80g
양파	80g
표고버섯	50g
당근	90g
렌틸콩	100g
마늘	2T
오트밀가루	4T
파이토 프로틴	1T
스리랏차 소스	2T
소금, 후추	적당량
이탈리안 허브	2꼬집

【크림 소스】

이스트비	12알
캐슈넛	100g
물	200ml
페페론치노	3개
소금, 후추	적당량

RECIPE

1. 렌틸콩은 씻어서 10분 물에 삶는다.
2. 채소는 모두 잘게 다져서 대형후라이팬에 올리브오일을 두르고 마늘과 함께 볶는다.
3. 삶은 렌틸콩과 채소, 나머지 재료를 모두 섞어 오트밀가루+프로틴가루를 넣고 치대어 햄버거 패티모양으로 빚는다.(스리랏차 소스는 선택)
4. 대형후라이팬을 인덕션 7번에 1분 예열한 후, 올리브오일을 두르고 스테이크를 넣은 다음 뚜껑을 닫고 1분, 다시 뒤집어 인덕션 3번으로 줄인 후 7분 정도 굽는다.
5. 크림 소스: 블렌더에 이스트비를 먼저 곱게 갈고, 물에 불린 캐슈넛 그리고 물과 함께 갈아서 소스를 만든다.
6. 후라이팬에 올리브오일을 두르고, 페페론치노를 넣고 살짝 볶아 향을 낸 후 캐슈넛 크림을 넣고 끓여 농도를 맞추고 소금, 후추 간을 한다.
7. 소스와 함께 베지 스테이크를 접시에 담는다.

TIP 페페론치노 대신 베트남고추를 사용하셔도 됩니다.

버섯 갈비 오픈 샌드위치

버섯을 갈비 양념해서 만든 샌드위치, 맛이야 말로 뭐해요.

INGREDIENTS

느타리버섯	4덩이	**【갈비 소스】**	
사과	1/2개	사과즙	1/2개
복숭아	1/2개	간장	9T
아보카도	1/2개	비정제 원당	4T
청상추	5장	다진 마늘	2T
캐슈 마요	(13p. 참고)	참기름	2T
통밀빵	적당량	후추	약간
		【대파 피클】	
		대파	1대
		비정제 원당	1T
		레몬즙	1T

RECIPE

1. 대형후라이팬에 인덕션 7번으로 놓고 올리브오일을 두른 후 느타리버섯을 볶는다.
2. 숨이 살짝 죽은 느타리버섯에 갈비 소스를 붓고 인덕션 7단으로 졸인다.
3. 통밀빵 위에 캐슈 마요를 바르고 상추를 얹고 슬라이스한 복숭아, 사과, 아보카도를 올리고 버섯을 올린다.
4. 마지막으로 대파 피클을 올리고 완성한다.

> **TIP** 대파 피클 : 동그랗게 썰은 대파와 원당, 레몬즙을 1 : 1 : 1 로 유리병에 넣고 1시간 이상 재워 둔다.

SWEET POTATO OATMEAL PIZZA

고구마 오트밀 피자

밀가루가 아닌 고구마와 오트밀가루로 만든 소화 잘되는 피자입니다.

INGREDIENTS

오트밀가루	1C
찐고구마	1C
이탈리언 시즈닝	1t
소금	약간
방울토마토	10개
루꼴라	200g
메이플 시럽	적당량
비건 파마산가루	(15p. 참고)

RECIPE

1. 오트밀가루와 찐 고구마, 이탈리언 시즈닝, 소금을 넣고 반죽을 만든다.
2. 밀대로 반죽을 펴서 동그랗게 만든다.
3. 토핑할 방울토마토를 중형후라이팬에 올리브오일을 두르고 소금간해서 익혀준다.
4. 대형후라이팬에 인덕션 6~7단으로 올리고 종이호일을 깔고 반죽을 넣는다.
   3~4분 익힌 후 플레이트에 옮겨 놓는다
5. 구운 반죽위에 메이플 시럽을 바르고, 익힌 방울토마토와 루꼴라를 올린다.
   아몬드 슬라이스와 비건 파마산가루를 뿌려서 마무리 한다.

퀴노아 필라프

서양식 볶음밥, 퀴노아 필라프는
어떤 요리와도 잘 어울리는 서브 요리입니다.

INGREDIENTS

퀴노아	1C
주키니	1/2개
표고버섯	1개
방울토마토	10개
양파	1/2개
블랙올리브	6알
올리브오일	적당량
레몬	1/2개
소금, 국간장	각 1t
마늘	2알
베트남고추	3개

RECIPE

1. 씻어 놓은 퀴노아는 물 : 퀴노아 = 2 : 1 로 소스팬에 끓여서 익힌다.
2. 주키니, 표고버섯, 양파는 같은 크기로 잘라 놓고, 방울토마토는 반으로 잘라 놓는다. 블랙 올리브는 슬라이스로 준비한다.
3. 대형후라이팬에 올리브오일을 넉넉히 두르고, 인덕션 6단에 마늘 슬라이스를 넣고 볶다가 주키니, 표고버섯, 양파, 방울토마토, 블랙올리브를 넣고 볶아준다.
4. 야채가 반쯤 익을 때, 익힌 퀴노아와 베트남고추를 넣고 같이 볶아준다.
5. 마지막으로 국간장으로 간을 하면서 레몬즙과 소금 간을 해준다

QUINOA
PILAF

AIOLI SAUCE WITH TORTILLA CUPS

아이올리 소스 또띠아 컵

맛있는 아이올리 소스로 또띠아 컵을 만들어
피크닉가시는 건 어떠세요?

INGREDIENTS

통밀 또띠아	3장
베이비 시금치	1팩
완숙 토마토	2개
레드키드니빈(삶은 강낭콩)	1C
아이올리 소스	(13p. 참고)
스리랏차 소스	적당량

RECIPE

1. 또띠아를 1/4로 잘라 머핀틀에 넣고, 대형후라이팬에 팬요리 170도로 10분정도 구워 또띠아 컵을 만든다.
2. 또띠아 컵 바닥에 아이올리 소스와 스리랏차를 바르고, 반을 잘라 슬라이스한 토마토와 베이비 시금치, 레드키드니빈을 올려 놓는다.

TIP 핑거푸드로 활용하기 좋은 레시피예요.

당근 라페와 비건버터

비건요리의 대표 메뉴, 당근 라페를 배워 두시면
활용도 200% 레시피입니다.

CARROT RÂPÉES

INGREDIENTS

당근 (중간크기)	2개
송화 소금	1t
레몬즙	1T
비정제 원당	1T
홀그레인 머스터드	2T
올리브오일	2T
비건버터	(14p. 참고)
통밀빵	

RECIPE

1. 당근은 채칼로 길게 썬다.
2. 채썬 당근을 소금에 1분 정도 살짝 절인다.
3. 레몬즙, 비정제원당, 홀그레인 머스터드 소스, 올리브오일을 절인 당근에 넣고 버무린 후 냉장고에 1시간 정도 숙성시킨다.
4. 통밀빵에 비건 버터를 바르고, 그 위에 당근 라페를 수북히 올려놓고 플레이팅한다.

TIP 당근 라페로 김밥을 싸면 맛있어요.

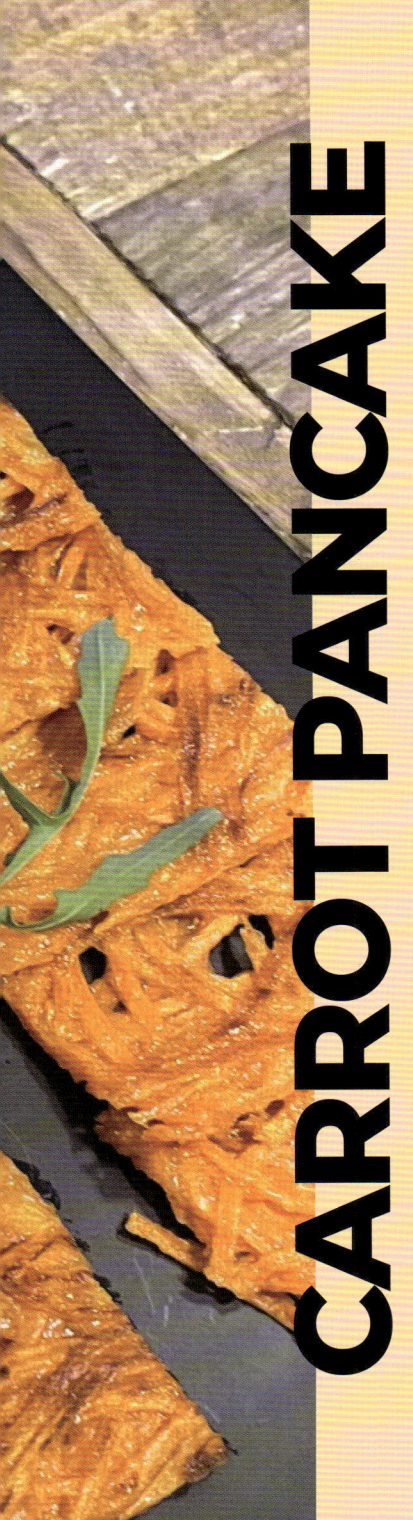

당근채전

당근으로 전을 만들어 보셨나요?
눈과 장에 좋은 당근과 친해질 수 있는 요리입니다.

INGREDIENTS

당근	2개
감자·전분	4~5T
카레가루	1t
소금	약간
현미오일	적당량

RECIPE

1. 당근은 채칼로 길게 썬다.
2. 믹싱볼에 채썬 당근을 넣고 소금을 약간 뿌려 살짝 절여지게 놔둔다. 물기가 생기면 감자전분, 카레가루를 넣고 섞는다.
3. 대형후라이팬을 인덕션 6단으로 예열한후 현미오일을 넉넉히 두르고 연기가 살짝 날때, 인덕션을 4단으로 줄인다. 곧바로 믹싱볼의 재료를 후라이팬에 넣고, 얇고 넓게 반죽을 펴서 전부치듯이 앞뒤로 굽는다.
4. 전으로 부친 당근을 칼로 잘라 접시에 담는다.

삼곡 두부선

사찰 음식을 연상케 하는 한식 베이스 원료입니다.
도시락으로도 좋아요.

INGREDIENTS

단단한 두부	1모
고수 or 달래	1C
고추	1개

【잡곡밥】
수수 : 율무 : 현미 = 1 : 1 : 1

【양념】

양조간장	3T
알룰로스	2T
참기름	1T
식초	1T

RECIPE

1. 단단한 두부는 물기를 제거하고 2cm 두께 삼각형 모양으로 자른다.
2. 삼각형 두부의 사선면 가운데 칼집을 넣고 대형 후라이팬에 현미 오일을 두르고 앞뒤로 굽는다.
3. 잡곡밥을 구워 놓은 두부 가운데 칼집 안에 넣는다.
4. 고수나 달래를 칼로 다져서 양념에 버무린다.
5. 접시에 두부를 세워서 세팅하고 그 위에 고수나 달래 양념을 얹는다.

새송이 버섯 장조림

식감이 좋은 새송이로 만든
장조림, 밥 반찬으로 먹을 수 있어 좋아요

INGREDIENTS

새송이	3개
마늘	15알
청양고추	1개
홍고추	2개

【조림장】

물	1.5C
맛간장	5T
미림	1T
통후추	10알

RECIPE

1. 새송이를 두툼하고 동그랗게 썰어 한쪽 단면에 칼집을 좌우로 넣는다.
2. 대형후라이팬에 조림장을 붓고, 새송이 버섯, 마늘, 슬라이스한 청, 홍고추를 넣고 뚜껑 연 상태로 인덕션 6단에서 10분, 4단에서 5분 정도 졸인다.
3. 냉장고 보관 3~4일 가능하다.

양송이 샐러드
(올리브오일 & 레몬 드레싱)

향긋한 양송이로 만드는 가을의 샐러드

INGREDIENTS

양송이버섯	200g
올리브오일	3T
레몬즙	1T
홀그레인 머스터드	1T
소금	약간
후추	약간
파슬리 또는 차이브	약간

RECIPE

1. 양송이버섯은 깨끗이 씻어 물기를 제거한 후 얇게 슬라이스 한다.
2. 큰 볼에 슬라이스 한 양송이버섯을 담는다.
3. 작은 볼에 올리브오일, 레몬즙, 홀그레인 머스터드, 소금, 후추를 넣고 잘 섞어 드레싱을 만든다.
4. 드레싱을 양송이버섯에 고루 뿌리고, 버섯이 드레싱에 잘 코팅되도록 살살 섞어준다.
5. 기호에 따라 신선한 파슬리나 차이브를 잘게 썰어 뿌려준다.

MUSHROOM
(OLIVE OIL & LEMON DRESSING)

PUMPKIN LENTIL SALAD

단호박 렌틸콩 샐러드

단호박과 잘 어울리는 메이플시럽 그리고 렌틸콩과 루꼴라.
가을에 생각나는 맛이 될 거예요.

INGREDIENTS

단호박	1개
렌틸콩	1/2C
루꼴라	10g
견과류(호박씨, 캐슈넛, 호두)	적당량
메이플시럽	3T
올리브오일	3T
시나몬파우더	1T
소금, 후추	적당량

RECIPE

1. 단호박은 반갈라 씨를 빼고 찜기에 30분 정도 찐다.
2. 렌틸콩은 끓는 물에 15분 정도 삶아 놓는다.
3. 견과류는 대형후라이팬에 인덕션 팬요리 170도로 5분정도 굽는다.
4. 삶은 단호박을 대형후라이팬에 올리브오일을 두르고 앞뒤로 살짝 굽는다.
5. 메이플 시럽, 올리브오일, 시나몬가루, 소금, 후추를 섞는다.
6. 믹싱볼에 단호박과 렌틸콩, 견과류를 메이플소스에 버무린다.
7. 담을 접시에 6번 재료를 담고 루꼴라를 얹어 준다.

단호박 뇨끼

선선해지는 날씨에 먹기 좋은 단호박 뇨끼.
이태리 수제비라고 할 수 있겠어요.

INGREDIENTS

【단호박 퓨레】

단호박	1/2개
양파	1개
마늘	1알
아몬드	10알
올리브오일	적당량
물	100ml
소금, 후추	약간

【뇨끼 반죽】

단호박	1/4개
로즈마리	약간
강력분	3T
올리브오일	2T
소금	1/2t
후추	약간

RECIPE

1. 단호박을 웍 찜기에 물을 넣고 20분 정도 찐다.
2. 단호박퓨레는 껍질을 벗긴 단호박과 슬라이스한 양파와 마늘 그리고 구운 아몬드, 올리브 오일 약간, 소금 후추 그리고 단호박 삶은 물 모두 블렌더에 넣고 갈은 후, 퓨레를 대형후라이팬에 붓고 인덕션 6단에서 끓여준다.
3. 뇨끼반죽 : 껍질 벗긴 삶은 단호박에 강력분과 올리브오일, 소금, 후추를 볼에 담고 반죽한다.
4. 반죽을 동그랗게 빚어 끓는 물에 넣고 둥둥 떠오를 때 까지 기다렸다가 채로 건져낸다.
5. 세팅 접시에 먼저 퓨레를 깔고 그 위에 뇨끼를 놓고, 다진 아몬드를 뿌리고, 로즈마리를 얹은 후 마무리한다.

단호박 케이크

미네랄의 보고 단호박으로 만드는 케이크,
밀가루 없이 만든 글루텐 프리 디저트입니다.

INGREDIENTS

【바닥지】

오트밀	50g
호두	50g
곶감	75g
알룰로스	10g
비정제원당	10g
소금	1/4t
오트밀크	38g

【퓨레】

단호박 퓨레	360g
아몬드가루	50g
소금	1/2t
알룰로스	25g
비정제원당	15g
오트밀크	50~100g
단호박 큐브	10개

RECIPE

1. 바닥지 : 블렌더에 먼저 오트밀을 가루로 만들고 다음으로 호두를 갈고, 곶감, 비정제원당, 알룰로스, 소금, 오트밀크를 차례대로 넣고 바닥지를 만든다.
2. 퓨레 믹싱볼에 단호박 퓨레, 아몬드가루, 소금, 알룰로스, 비정제원당, 오트밀크 모두를 넣고 섞는다.
3. 대형후라이팬에 인덕션 팬요리 170도 1분 예열한다.
4. 18cm 빵틀 바닥에 바닥지를 먼저 깔고, 그 위에 단호박 퓨레를 채워 넣는다. 중간 중간 단호박 큐브를 넣는다.
5. 4의 빵틀을 예열된 대형후라이팬에 넣고 170도에 25분 굽는다.
6. 식힌 후 냉장고에서 굳힌다.

얼그레이 스콘

날 좋은 오후, 친구들과 애프터눈 티 파티를 즐겨 보세요.

INGREDIENTS

통밀가루	150g
바디키 쉐이크 밀크티	3개
베이킹 파우더	15g
소금	3g
아몬드 버터	100g
얼그레이 티백	2개
뜨거운 물	60g
두유(무가당)	60g
레몬즙	10g
포도씨오일	2T
비정제 원당	60g

RECIPE

1. 얼그레이 티백을 뜯어 차잎을 뜨거운 물에 우려 놓는다.
2. 믹싱볼에 통밀가루, 바디키, 베이킹 파우더, 소금을 넣고 섞는다.
3. 가루를 섞은 믹싱볼에 아몬드버터, 티백 우린 물, 두유, 레몬즙, 포도씨오일 비정제 원당을 넣고 잘 저어준다.
4. 반죽이 다 되면 적당한 크기로 나눠 성형, 예열한 대형후라이팬에 넣고 팬요리 170도에 20~25분 정도 굽는다.

P.S. 바디키 쉐이크 밀크티에는 탈지 분유가 들어가 있습니다.

EARL GREY SCONES

비건 호두파이

외관상으론 비건과 비건이 아닌 차이를 못 느끼는 호두파이.
심지어 no 밀가루, nc 버터, no 계란, no 오븐까지!!

INGREDIENTS

【타르트 크러스트】

아몬드가루	220g
소금	2g
비정제원당	25g
코코넛오일	45g
물	25g

【호두필링】

포도씨오일	15g
비정제 원당	50g
메이플시럽	70g
두유(무가당)	40g
시나몬가루	2g
아몬드가루	80g
호두분태	150g

RECIPE

1. 타르트 크러스트 재료를 믹싱볼에 넣고 반죽한다.
2. 호두필링 재료를 믹싱볼에 섞는다.
3. 18cm 타르트틀에 타르트 크러스트를 바닥에 깐 후 호두필링을 붓는다.
4. 대형후라이팬에 인덕션 팬요리 170도에 1분 예열 후 20~25분 굽는다.
5. 식힌 후 냉장 보관해서 필링이 굳은 후 서빙한다.

비건 블루베리 치즈케이크

비건 케이크의 우아함을 담은 베스트 디저트입니다.
우아함뿐 아니라 맛도 건강도 베스트!!!

INGREDIENTS

【카카오 크러스트】

아몬드	2C
곶감 또는 말린 과일	3개 or 2/3C
카카오가루	2T
송화소금	약간

【레몬필링】

캐슈넛	2C
물	1/2C
코코넛오일	1/2C
레몬즙	1/4C
알룰로스	4T
송화소금	약간

【블루베리 필링】

캐슈넛	1C
블루베리	1/2C
물	1/4C
코코넛오일	3T
레몬즙	5t
알룰로스	2T
송화소금	약간

【장식】

블루베리	1C

RECIPE

1. 카카오 크러스트 재료를 블렌더에 모두 넣고 간다.
2. 레몬 필링 재료를 모두 블렌더에 넣고 간다.
3. 블루베리 필링재료를 모두 블렌더에 넣고 간다.
4. 18cm 둥근 케이크틀 바닥에 카카오 크러스트를 꾹꾹 눌러 깐다.
5. 그 위에 같은 방식으로 레몬 필링을 꾹꾹 눌러 올린다.
6. 그 위에 블루베리 필링을 같은 방식으로 올린다.
7. 맨 위에 블루베리로 장식한다.
8. 냉동고에 1시간 이상 얼린 후 빵틀을 제거하고, 냉장 보관한다.

chapter 4

겨울에 먹는 채소 요리

WINTER
겨울의 건강한 보물, 마이크로바이옴을 위한 겨울 채소들

차가운 바람이 불어오면 자연은 비옥한 땅에서 자라난 특별한 채소들을 우리에게 선사합니다. 이 계절에 수확되는 채소들은 우리 몸의 건강을 지켜줄 뿐만 아니라, 장내 마이크로바이옴의 균형을 잡아주는 중요한 역할을 합니다. 마이크로바이옴은 우리 몸의 면역력을 지키는 첫 방어선이자, 소화와 대사에 깊이 관여하는 미세한 생명체들의 집합체입니다. 겨울 채소의 섬유소와 영양소는 이 마이크로바이옴을 건강하게 유지하는 데 있어 없어서는 안 될 존재입니다.

배추

배추는 김치의 주재료로, 발효 과정을 통해 유익한 유산균을 생성합니다. 이러한 발효 채소는 장내 유익균의 성장을 도와 마이크로바이옴의 다양성을 높여줍니다. 특히 겨울 배추는 더 단단하고 영양이 풍부해 겨울철 면역력 강화에도 도움을 줍니다.

무

달큰한 맛이 살아 있는 겨울 무는 소화 촉진과 염증 완화에 탁월한 효능이 있습니다. 무에 포함된 식이섬유는 장내 세균의 좋은 먹이가 되어, 건강한 장 환경을 유지하는 데 도움을 줍니다. 무국으로 끓여내면 그 깊고 맑은 맛이 속을 따뜻하게 녹여줍니다.

케일

겨울의 추위를 견뎌낸 케일은 더욱 짙은 풍미와 영양을 자랑합니다. 섬유소와 항산화제가 풍부해 장내 환경을 최적화하는 데 도움을 주며, 다양한 요리에 활용할 수 있는 다재다능한 채소입니다. 스무디, 샐러드, 또는 볶음 요리에 사용해보세요.

브로콜리

겨울철 브로콜리는 그 어느 때보다도 신선하고 풍부한 맛을 자랑합니다. 브로콜리 속 풍부한 섬유질과 항산화 성분은 장 건강을 촉진하고, 마이크로바이옴을 균형 있게 유지하는 데 기여합니다. 특히 스팀 요리로 조리하면 그 영양소를 온전히 섭취할 수 있습니다.

시금치

겨울철 시금치는 추위 속에서 자라며 그 영양소가 극대화됩니다. 비타민C와 철분이 풍부하여 면역력을 강화시키고, 섬유소가 장의 기능을 개선합니다. 시금치국이나 나물무침으로 가볍게 즐기기에 좋습니다.

비건 마요네즈 사라다

어릴 적 추억의 사라다빵 기억하시나요?
트랜스 지방이 많은 마요네즈 대신 캐슈넛으로 마요네즈를 만들었어요.

INGREDIENTS

오이	1개	**【비건 마요네즈】**	
사과	1개	물에 불린 캐슈넛	1C
삶은 당근	1/2개	두유(무가당)	1/2C
건크랜베리	1/4C	레몬즙	1T
아몬드슬라이스	1/4C	소금	1/4t
		알룰로스	약간

RECIPE

1. 오이와 사과, 삶은 당근은 깍뚝썰기로 준비한다.
2. 물에 30분 이상 불린 캐슈넛과 두유, 레몬즙, 소금, 알룰로스를 블렌더에 넣고 갈아 놓는다.
3. 썰어 놓은 오이와 사과, 당근, 건크랜베리, 아몬드슬라이스를 비건 마요네즈에 버무린다.

TIP 모닝빵에 비건 사라다를 넣어서 추억의 사라다빵을 만들어 드셔도 좋아요.

바나나 오트밀 볼

추운 겨울, 속을 따뜻하게 하고
식이섬유가 풍부한 오트밀볼, 아침식사로 좋아요.

INGREDIENTS

부드러운 오트밀	1/2C	
바나나	1/2개	
아몬드밀크(무가당)	1/2C	
소금	한 꼬집	
시나몬 가루	1/4t	

【토핑】
아몬드버터, 아마씨, 흑임자,
블루베리, 바나나 슬라이스

RECIPE

1. 중형소스팬에 부드러운 오트밀과 아몬드밀크, 그리고 바나나, 소금을 넣고 인덕션 3~4단으로 저어주면서 끓인다.
2. 부글부글 끓을 때 시나몬 가루를 뿌리고, 그 다음 불을 끄고 오트밀을 접시에 담아 아몬드 버터, 아마씨, 블루베리, 바나나 슬라이스를 올려 토핑한다.

 TIP 토핑은 다양하게 넣으실 수 있어요

BANANA

OATMEAL
BALLS

TOFU AND NAPA CABBAGE
ROLLS

두부 배추롤 찜

만두피 대신 배추로 만들어 따뜻하게 먹을 수 있는 배추롤 찜.
손님을 초대할 때 좋은 요리입니다.

INGREDIENTS

데친 배추	10장	【소스】	
두부	1모	맛간장	3T
양파	1/2개	다시마물	1C
호박	1/2개	참기름	1T
우엉	1/2개	마늘다짐	1T
새송이버섯	1개		
마늘다짐	1T		
올리브오일	적당량		
전분가루	적당량		

RECIPE

1. 대형후라이팬에 으깬 두부, 다진 양파, 다진 호박, 다진 우엉, 다진 새송이버섯, 다진 마늘을 넣고 올리브오일과 함께 소금 간을 하면서 볶아 준다.
2. 데친 배추잎에 볶은 속재료를 넣고 또띠아랩처럼 돌돌 말아 놓는다.
3. 준비한 소스를 후라이팬에 붓고 배추롤을 넣은 뒤 뚜껑을 열고 2~3분간 인덕션 7단에 간이 베게 졸인다.

율무 미네스트로네

헝가리 음식인 미네스트로네.
추운 지방에서 먹기 좋은 스튜 같은 요리입니다.
율무가 있어 든든한 한 끼로 부족함이 없네요.

INGREDIENTS

율무	1/2C
당근	50g
샐러리	40g
양파	100g
감자	100g
양배추	100g
바질	10g
홀토마토	4개
마늘	1쪽
채수 or 물	4C

RECIPE

1. 율무는 12시간 물에 불린다.
2. 당근, 샐러리, 감자, 양파, 양배추는 깍둑 썰기한 후 웍에 올리브오일 두르고 마늘, 소금 간 하면서 볶는다.
3. 율무와 홀토마토를 넣고 채수를 부으면서 뚜껑 덮고, 인덕션 6단에서 율무가 다 익을 때까지 끓인다.
4. 마지막에 바질을 넣고 마무리한다.

TIP 국물에 양조간장 2T를 넣으면 감칠맛을 더 느끼실 수 있어요.
베트남고추 2개 정도 넣어도 매콤한 맛이 잘 어울립니다.

JOB'S TEAR
MINESTRONE

VEGAN CARROT SOUP

비건 당근 수프

위장이 경직되기 쉬운 겨울엔 소화가 잘 되는 따뜻한 수프를 추천합니다.
특히 당근 수프는 여러분이 알던 그 당근맛이 아닌,
전혀 알아챌 수 없는 새로운 맛일 거예요.

INGREDIENTS

당근(작은 크기)	5개	【채수】	
양파	1개	건다시마	8장
마늘	5알	건슬라이스 표고버섯	1줌
참깨	적당량	물	3~4C
올리브오일	적당량		
소금	적당량		
캐슈가루	1/2C		

RECIPE

1. 당근과 양파를 채썰고, 마늘은 슬라이스로 썰어 놓는다.
2. 웍에 올리브오일을 넉넉히 두르고 당근과 양파, 마늘을 넣고 소금 간을 하면서 충분히 볶는다.
3. 볶은 야채가 충분히 익은 후, 채수를 붓고 끓여 준다.
4. 핸드블렌더로 웍의 재료를 곱게 간다. 그리고 캐슈넛 가루를 넣고 섞어준다.
5. 마지막에 올리브오일을 두르고 참깨를 살짝 뿌려 주면서 수프를 완성한다.

> **TIP** 캐슈가루는 캐슈넛을 블렌더에 갈아주시면 됩니다.
> 너무 오랫동안 갈면 버터가 되니 주의하세요.

비건 양송이 수프

양송이는 버섯 중에 단백질 함량이 가장 높은 식재료입니다.
유제품 소화가 안 되시는 분을 위해 캐슈넛으로 고소한 맛을 대체하였습니다.

VEGAN BUTTON

INGREDIENTS

양송이	3~4C		**【캐슈크림】**	
양파	1/2개		불린 캐슈넛	1C
마늘	3알		물	약간
감자	1개		소금	약간
올리브 오일	적당량			
채수	3C			
소금	약간			
파슬리	약간			

RECIPE

1. 양송이와 양파, 감자, 마늘은 슬라이스 해놓는다.
2. 웍에 슬라이스 한 야채를 넣고 올리브오일을 둘러 소금 간을 하면서 충분히 볶아준다.
3. 충분히 익은 야채에 채수를 붓고 인덕션 6단에 10분 정도 끓여준다.
4. 핸드블렌더로 재료를 갈은 후 캐슈크림을 섞어서 완성한다.
5. 파슬리를 마지막에 뿌려준다.

TIP 캐슈크림은 캐슈넛을 물에 30분 불린 후 물과 함께 블렌더에 갈아서 만듭니다.

비건 고구마 수프

쪄서 먹기만 하는 고구마를 수프로 만들어 드셔 보세요.
위 소화에 도움을 주는 이스트비가 고소한 맛까지 더해 줍니다.

INGREDIENTS

삶은 고구마	8개(작은 것)
물에 불린 캐슈넛	1C
양파	2개
물	2C
올리브오일	적당량
이스트비가루	2T
소금	적당량

RECIPE

1. 웍에 인덕션 7단으로 양파를 채썰어 올리브오일로 충분히 볶는다.
2. 그 위에 물을 붓고, 고구마와 캐슈넛, 이스트비가루를 넣고 끓이다가 핸드블렌더로 곱게 간다.
3. 소금 간으로 완성한다.

VEGAN
SWEET POTATO
SOUP

대파 수프

흔한 채소인 대파로 간단하게 냉털 대파 수프를 만들어 보세요.
가장 단순한 식재료에 훌륭함을 느끼실 수 있답니다.

INGREDIENTS

대파	1단
감자	2개
마늘	2알
올리브오일	적당량
소금, 후추	적당량

RECIPE

1. 웍에 인덕션 7단으로 대파(잎파리 빼고), 마늘을 채썰어 올리브오일에 소금 간을 하면서 충분히 볶는다.
2. 그 위에 물을 붓고 끓이다가 감자 슬라이스를 넣고 15분 정도 뚜껑을 덮고 푹 익힌다. 다 익은 채소를 핸드블렌더로 곱게 간다.
3. 소금, 후추 간으로 완성한다.

LEEKS SOUP

무 수프

무는 예전부터 선조들이 소화를 돕는 채소로 활용하셨어요.
위장을 부드럽게 보호해줍니다.

INGREDIENTS

무	1/2개
양파	1/2개
마늘	1알
베트남 고추	1개
정기품 들기름	2T
현미오일	적당량
소금, 후추	적당량

RECIPE

1. 슬라이스한 무와 양파, 마늘, 베트남 고추를 웍에 넣고 현미오일을 두른 후, 인덕션 6~7 단으로 볶는다.
2. 다 익으면 물을 붓고 10분 더 끓인 후 핸드블렌더로 갈아 놓는다.
3. 소금, 후추로 간을 하고, 들기름을 두르고 완성시킨다.

중국식 청경채 찜

다양하게 조리하기 힘든 청경채를 찜기에 살짝 쪄서
중국식 요리로 만들어 보세요. 손님 초대 요리로 좋아요.

INGREDIENTS

청경채	300g	【소스】	
생표고버섯	10개	간장	3T
대파	1대	물	1C
마늘	2알	매실청	3T
올리브오일	적당량	생강	1t
		후추	약간
		녹말물	녹말 1T + 물 1/2C

RECIPE

1. 웍찜기에 청경채를 반으로 잘라 3~5분 정도 살짝 찐다.
2. 표고버섯을 슬라이스해서 후라이팬에 대파, 마늘과 같이 올리브오일로 볶고 소스를 뿌리고, 끓인다.
3. 접시에 청경채를 담고 표고버섯과 소스를 위에 부어준다.

CHINESE-STYLE
STEAMED

오색 야채전골

추운 날엔 뭐니 뭐니 해도 전골이죠. 식탁에 인덕션 올려놓고
대형후라이팬으로 보기도 예쁜 야채전골 어떠세요?

INGREDIENTS

배추겉잎 15~20장	【소스】	
숙주	간장	1T
당근	비정제원당	1/2T
파프리카	참기름	1/2T
부추	스리랏차	1T
미나리	【채수】	
새송이버섯	정기품 다시팩	1개
고구마	소금	약간
이외 각종야채	국간장	약간

RECIPE

1. 배추 겉잎을 살짝 찐다.
2. 당근, 파프리카, 미나리, 새송이버섯, 고구마 등을 5cm 길이로 채썬다.
3. 배추잎으로 채썬 야채들을 돌돌말아 칼로 반을 잘라놓는다.
4. 대형후라이팬 바닥이 숙주를 깔고, 그 위에 배추롤을 단면이 위로 보이게 채워 넣는다.
5. 채수를 붓고 인덕션6단에 끓여서 완성시킨다.

TIP 간장소스에 찍어서 드시면 좋아요

비건 현미 떡국

고기 없이 야채로 만든 떡국.
장내 마이크로바이옴을 살리는 떡국이예요.

INGREDIENTS

애호박	1/2개
당근	1/2개
무(작은 거)	1/4개
양파	1/2개
생파슬리 다짐	1C
버섯 슬라이스	1C
들깨가루	1C
소금	적당량
코코넛 오일/아보카도 오일	적당량
현미떡	2C

RECIPE

1. 현미떡을 물에 불린다.
2. 야채 모두를 채썰기 한다.
3. 버섯은 슬라이스 한다.
4. 생파슬리는 다져 놓는다.
5. 웍을 준비해서 양파-당근을 코코넛오일이나 아보카도오일로 먼저 볶는다.
6. 다음으로 애호박-버섯-무 순서로 넣어 볶으면서 송화소금으로 간한다.
7. 들깨가루를 채에 걸러서 볶은 야채에 뿌려주고 물을 부어준다.
8. 국물이 뽀얗게 될 때까지 끓이다가, 현미떡을 넣고 1분 정도 더 끓이고 불을 끈다.
9. 소금, 후추로 간하고 파슬리 다짐을 넣는다.

TIP 파슬리는 해독작용에 도움이 되는 야채입니다.

감자 샐러드

따뜻하게 먹을 수 있는 샐러드로 감자 샐러드를 추천해요.
탄수화물이 많아 피하고 계신 분들도 있을 텐데,
적당량 조절해서 드시면 다양한 영양소가 들어 있어요.

INGREDIENTS

감자	2개	【드레싱】	
주키니 호박	1/2개	올리브오일	3T
적색 양파	1/2개	레몬즙	1/2개
딜	약간	소금, 후추	약간

RECIPE

1. 찜기에 찐 감자와 후라이팬에 살짝 볶은 주키니 슬라이스, 잘 다진 적색양파를 볼에 넣고 드레싱을 붓고 섞는다.
2. 딜로 장식한다.

POTATO SALAD

비건 통밀 쿠키

언제라도 뚝딱 대형후라이팬에 구울 수 있는 통밀 쿠키.
어쩔 수 없이 밀가루를 먹는다면, 가능하면 통밀로 섭취하는 게
혈당 스파이크를 덜 자극 할 수 있어요.

INGREDIENTS

통밀가루	100g
파이토프로틴	20g
비정제원당	50g
베이킹파우더	2g
소금	1g
두유(무가당)	40g
포도씨오일	30g
다크초코칩	60g
견과류	60g

RECIPE

1. 믹싱볼에 위의 모든 재료를 넣고 섞는다.
2. 대형후라이팬에 인덕션 팬요리 170도 1분 예열한다.
3. 후라이팬에 종이호일이나 실리콘 페이퍼를 깔고 반죽을 동그랗게 만들어 넣는다.
4. 뚜껑을 덮고 팬요리 170도로 10~15분 굽는다.

TIP 쿠키가 베이킹파우더로 부풀어 오르니 반죽을 넣을 때 양옆 거리를 떨어뜨려 주세요.

바나나 파운드 케이크

따뜻할 때 바로 먹을 수 있어 맛있는 케이크예요.
번거로운 오븐 사용 없이 쉽게 뚝딱 만들 수 있어 좋아요.

INGREDIENTS

바나나	2개
통밀가루	2C
오트밀가루	1/2C
다진 호두	1/2C
비정제원당	1/2C
포도씨오일	70ml
두유(무가당)	30ml
시나몬파우더	1t
베이킹소다	1/2t
베이킹파우더	2t
바닐라에센스	약간
소금	한꼬집

RECIPE

1. 믹싱볼에 바나나를 넣고 포크로 으깨준다.
2. 나머지 모든 재료를 넣고 반죽을 섞는다.
3. 15cm×8cm 파운드케이크 틀에 반죽을 넣는다.(2개 분량)
4. 대형후라이팬에 인덕션 180도 1분 예열 후 빵틀에 넣고 40분 굽는다.

비건 코코넛크림 케이크

연말 가족과 함께 만들 수 있는 근사한 비건 코코넛크림 케이크예요.

INGREDIENTS

❶

통밀가루	150g
코코아파우더	30g
베이킹파우더	4g
베이킹소다	2g
소금	2g

❷

포도씨오일	130g
오트밀크	100g
비정제원당	85g
사과식초	10g
바닐라엑스트렉	10g

❸

아마씨가루	24g
물	4T

【비건 코코넛 크림】

코코넛 밀크	400ml
슈거파우더	4t
바닐라엑스트렉	1/3t

RECIPE

1. ❶번의 재료를 섞어둔다.
2. ❷번의 재료를 믹싱볼에 넣고 비정제원당이 녹을 때까지 섞어 준다.
3. ❸번의 재료를 섞은 후 아마씨를 물에 불린 후 2번의 믹싱볼에 넣는다.
4. ❶번의 재료를 믹싱볼에 체쳐서 넣고 반죽한다.
5. 18cm 빵틀에 반죽을 넣고 대형후라이팬에 인덕션팬요리 180도 1분 예열 후 40분 굽는다.
6. 비건크림은 재료를 핸드블렌더로 모두 섞어서 크림으로 만든 후 냉장 보관한다.
7. 완성된 빵을 실온에 식힌 후 빵을 반 갈라 크림을 바르고, 나머지 크림을 케이크 외부에 바르고 장식을 한다.

TIP 크리스마스 케이크로 활용하세요.

Thanks to

이 책의 완성을 위해 함께해준 mmoB팀 파트너들과 응원해주신
DA 리더님들께 깊은 감사를 전합니다.

처음에는 비건 요리에 대한 낯선 생각을 가진 파트너들과의 여정은 쉽지 않았습니다.
하지만 매주 한 가지 레시피를 개발하는 홈 쿠킹을 통해 그들의 고정관념이 조금씩
바뀌고, 새로운 가능성을 발견하게 되었습니다. 이 과정에서 우리는 서로의 아이디어를
존중하고, 창의력을 발휘하며, 진정한 팀워크의 가치를 느낄 수 있었습니다.

특별히 레시피를 함께 만든
이미경, 최아람, 정영주, 강지은, 신수미, 한정은, 정회경, 김성은, 윤미정
이상 파트너들에게 다시 한 번 감사를 드립니다.

그리고 곧 세상에 태어날 손주 샤인이에게 이 책을 선물하고 싶습니다.
그가 건강하고 행복하게 자라길 바라며, 이 책이 그의 식탁에 영감을 주길 기원합니다.

함께한 모든 순간이 이 책의 소중한 밑거름이 되었습니다.

마이크로바이옴을 살리는
VEGAN QUEEN STORY

발 행	2024년 11월 01일
저 자	문연희 M. 010-8635-1968
펴낸이	최현희
펴낸곳	샵북
출판등록	2021년 2월 2일 제251002021000009호
주 소	서울특별시 중구 마른내로 10길12, 삼진빌딩3층
전 화	02-6272-6825
이메일	master@samzine.co.kr
ISBN	979-11-94421-00-9(13590)

ⓒ 문연희 2024, Printed in Korea
※ 본 책은 저작자의 지적 재산으로서 무단 전재와 복제를 금합니다.
※ 잘못된 책은 구입한 곳에서 교환해드립니다.
※ 가격은 뒷표지에 있습니다.